持続可能な地球のために――いま、世界の子どもたちは

第3巻

健康で生きたい
保健・衛生

本木洋子 著

難民キャンプ、ロヒンギャの少女。

新日本出版社

地球を守る17の目標＝SDGs

　「SDGs」って、知っていますか。
　聞きなれない言葉ですが、"Sustainable Development Goals"の略で、「持続可能な開発目標」という意味です。
　地球の開発と発展が将来もずっとつづくよう、国際連合（以下国連）で定めた世界の目標です。
　2015年9月、世界150か国以上の代表がニューヨークの国連本部に集まりました。地球が抱える問題や将来について話し合い、2030年までに達成すべき世界の目標を定めました。
　これがSDGs、「持続可能な開発目標」です。

　　世界には、およそ75億人の人びとがくらしています。
　その8割以上が開発途上国にくらし、およそ8億人が極度の貧困と飢餓に苦しんでいます。
　飢えで命を落とす人は1分間に17人。
　5歳未満の幼い子どもが、5秒に一人の割合で亡くなっています。
　毎日1,600人以上の子どもが、不衛生な水による病気で命を落としています。
　世界の5,800万人の子どもは学校にいけません。
　戦争や紛争に巻き込まれて難民になっている人は6,500万人を超え、その半数は子どもです。
　また、地球規模の気候変動は、世界各地で有史以来最悪の干ばつや大洪水

　を引き起こし、子どもたちの安全な生活を奪っています。
　「持続可能な開発目標」＝SDGsは、世界中のすべての人びとが平和で健やかな2030年を迎えられるよう、17の目標を掲げました。
　本書はこの中から特に子どもたちを守る目標に注目し、世界の各地で「いま」を生きる子どもたちの様子を見つめていきたいと思います。
　地球に生きるすべての子どもが、安心して、安全な未来を迎えられるよう、わたしたちにできることはなんでしょうか。
　いっしょに学び、考えていきましょう。

持続可能な地球のために
―いま、世界の子どもたちは―

　本書は、SDGsのなかからおもに子どもに関わる目標に注目し、テーマ別に以下の4巻で構成します。巻ごとのタイトルと、それにかかわるSDGsを紹介します。

1巻 　安心してくらしたい【貧困と飢餓】
　　　目標1　世界中のあらゆる貧困をなくそう。
　　　目標2　あらゆる飢餓を終わらせよう。

2巻 　学校にいきたい【教育】
　　　目標4　すべての人に公平で質の高い教育を。
　　　目標5　あらゆる場面でジェンダー（男女差）の平等をめざそう。

3巻 　健康で生きたい【保健・衛生】
　　　目標3　すべての人に健康と福祉を。
　　　目標6　世界中の人が安全な水とトイレを使えるように。

4巻 　温暖化をくいとめよう【環境】
　　　目標7　すべての人が持続可能なエネルギーを得られるように。
　　　目標13,14,15　地球規模の気候変動と自然環境の破壊に対して。

　　「SDGs＝持続可能な開発目標」は、巻末ページに掲載しています。

もくじ

地球を守る17の目標＝SDGs ……………………………………… 2
1　命をささえる水 ………………………………………………… 6
2　「世界水の日」 ………………………………………………… 8
3　栄養は人の権利【コンゴ民主共和国】 ……………………… 10
4　3人にひとりが栄養不足【ブルキナファソ】 ……………… 12
5　栄養不良で命の危険に【南スーダン】 ……………………… 13
6　母乳はあかちゃんのワクチン ………………………………… 14
7　清潔な環境は平和あってこそ【イエメン】 ………………… 16
8　「世界トイレの日」 …………………………………………… 18
9　「世界手洗いの日」 …………………………………………… 19
10　世界にひろがる感染症Ⅰ（三大感染症） ………………… 20
11　世界にひろがる感染症Ⅱ（エボラ出血熱） ……………… 23
12　がんばるお医者さんたち――国境なき医師団 …………… 24
13　命のパスポートは母子手帳 ………………………………… 26
14　2030年のあなたへ――社会からおきざりにしないで …… 28
未来ある地球のために …………………………………………… 30

1 命をささえる水

　わたしたちが住む地球は「水の惑星」といわれています。地球にはおよそ14億立方キロメートルの水がありますが、飲める水はどれくらいあるか知っていますか。

　たったの0.01パーセントに過ぎないのです。

　日本のように水にめぐまれた国でくらしていると、ありがたさが感じられませんが、水は命にかかわる問題なのです。

　1990年ころには、世界人口（およそ50億人）の76パーセントが飲み水にこまっていました。その世界人口は2030年には86億人、2050年になると98億人と予測されています。

　人口がふえると使う水の量もふえていきます。0.01パーセントという限りある水をむやみに使いつづければ、2050年までには54か国、およそ40億人が水不足に直面してしまいます。

　また、汚染されていない安全な飲み水を利用できない人は、21億人もいます。よごれた水は、コレラや赤痢、腸チフスなどの感染症をひきおこす原因にもなっているのです。

　よごれた水が原因で、年間50万人が命を落としていて、その多くは5歳未満の子どもです。

© UNICEF/UNI163903/Khuzaie

イラクの国内避難民キャンプで水をくむ少女

地球上の水の量

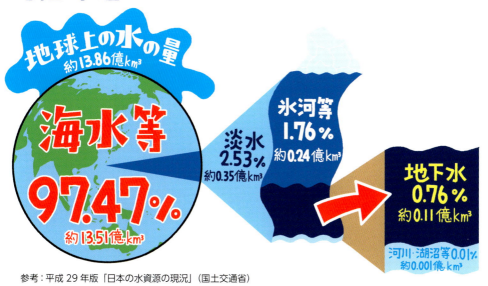

参考：平成29年版「日本の水資源の現況」（国土交通省）

人口増加にともない、世界の水の使用量はふえます。しかし、水の資源量にはかたよりがあります。

世界における年間1人当たりの水の資源量

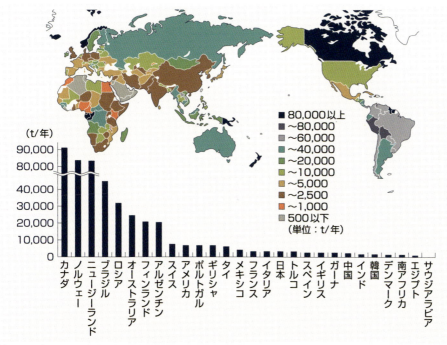

注：FAO「AQUASTAT」より環境省作成
出典：平成22年版「環境・循環型社会・生物多様性白書」（環境省）

2 「世界水の日」

　3月22日は「世界水の日」。1992年6月にブラジルのリオデジャネイロで開催された地球サミット（国連環境開発会議）がきっかけでした。その年の12月に開かれた国連総会で「世界水の日」が定められたのです。

　2025年までには、48の国28億人が水不足の生活を強いられるといわれます。ほとんどが西アジアやアフリカの国です。

　また先進国でも水問題は深刻です。人間の経済活動や地球規模の気候変動と切っても切りはなせない問題だからです。

　水は、地球のすべての生きものにとっての生命線なのだと、世界中で考える日です。

水を利用できる人の割合が 最も少ない国－ TOP10

順位	国	基本的レベル以上の水アクセスがある (%)
1	エリトリア	19
2	パプアニューギニア	37
3	ウガンダ	38
4	エチオピア	39
5	コンゴ民主共和国	39
6	ソマリア	40
7	アンゴラ	41
8	チャド	43
9	ニジェール	46
10	モザンビーク	47

南太平洋にあるパプアニューギニア以外はアフリカの国
出典：「水の格差－2018年世界の水の状況」（Water Aid）

遠い水くみ場

　毎日つかう水をくみにいくのは、おもに女性と女の子の仕事。サハラ以南のアフリカでは、336万人の女の子が、水をくむために、家と水場を一日に何度も往復しなければなりません。近くに井戸などの水源があれば、学校にいけるのに、そんな時間さえないのです。

　往復30分を超える場所まで水をくみにいかなければならない人は、2億6,300万人います。

・・・・・・・

戦闘で給水施設がこわされた

　長いあいだ紛争がつづいているシリアの街アレッポ。

　2016年、空爆によって給水施設がこわされてしまい、200万人ちかい人びとが、水道を利用できなくなりました。

　水くみにいかされるのは子どもたち。爆弾が降るなか命の危険をおかして、給水場や井戸にたどり着き、何時間もならんで順番を待ちます。勉強も遊ぶこともできません。

　戦争をするおとなたちは、水を「戦争の武器」にしました。水源を汚染し、水道の設備やパイプをこわし、電力を止めてしまったのです。

　ダマスカスやダラアなどの町でも、給水ポンプの破壊や水源の汚染で、たびたび断水があったといわれます。

3 栄養は人の権利【コンゴ民主共和国】

　世界にはおよそ8億人が栄養不足の状態で生きています。1990年代のはじめにくらべると、2億人あまり少なくなっていますが、ほとんどが開発途上国に住んでいる人たちです。

　とくにアフリカなどの紛争地域において、犠牲になるのは子どもたち。学校にいけなかったり、食べるものが十分でないために栄養不良の子どもたちが大ぜいいます。住んでいる町や村がこわされ、家族が殺されてしまうこともあるのです。

　アフリカのコンゴ民主共和国のカサイ地区では、戦闘によって140万人が避難しました。その結果、土地をたがやし穀物をつくることができずに、食料不足がおきてしまったのです。5歳未満児の40万人が急性の栄養不良になってしまいました。

　戦闘で病院などの医療施設もこわされてしまいました。子どもたちを治療することができない状況で、感染症が流行する危険をかかえています。東部の州でも武力衝突で80万人の子どもをふくむ130万人が避難しています。

　コンゴ民主共和国は、世界最大の子どもの難民、避難民が発生している国なのです。

　2017年、ユニセフは「子どもたちのための人道支援報告書2017年」を発表しました。このとき緊急支援プログラム部長のマヌエル・フォンテーヌさんは、警告しました。

　「栄養不良は、何百万人もの子どもたちを脅かす静かな脅威です。（略）栄養不良により一度受けた損傷は、回復が不可能で、子どもたちから彼らが持って生まれた精神的・肉体的な可能性を奪ってしまいます」（日本ユニセフ協会webサイト）

開発途上国

「発展途上国」ともいう。開発の水準が先進国にくらべて低く、経済発展の途中にある国のこと。

世界の飢餓分布の変化：地域別栄養不足人口と割合

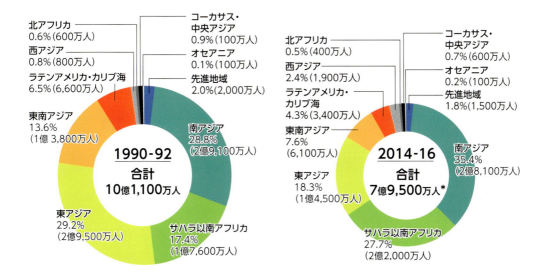

注：円グラフの面積は各期間における栄養不足人口の総数に比例している。2014-2016年のデータは暫定推定値を参照。すべての数字は四捨五入している。　＊スーダンの数値を含む。2011年に南スーダンが独立したことにより、スーダンのデータはサハラ以南アフリカの数値には含まれていない。
出典：「世界の食糧不安の現状 2015年報告」（国際農林業協働協会）

4 3人にひとりが栄養不足【ブルキナファソ】

　西アフリカのブルキナファソは、サハラ砂漠の南にある世界の最貧国のひとつです。人口はおよそ1,900万人で、半数は18歳未満の子ども。

　気候変動によって降雨量がへり、慢性的な水不足から子どもたちは腹痛や下痢、皮膚炎などに苦しんでいます。

　5歳未満の子どものうち3人にひとりが栄養不良で、亡くなる子どもの45パーセントは栄養不良が原因といわれています。子どもの死亡率も高く、1,000人中85人。そのうちおよそ半分は1歳の誕生日まで生きることができません。

　ユニセフは、政府やNGO、地域の人びとと協力して、子どもたちを支援する活動をしています。慢性的な栄養不良をふせぐために、3490人の保健員の研修会をしました。勉強をした保健員は、バランスのとれた栄養のある食事が大切だと、お母さんたちにおしえます。

　また、子どもたちの発育ぐあいを観察したり、栄養のある料理の講習会もしています。

5歳未満児死亡率推移（1990年と2016年の比較）

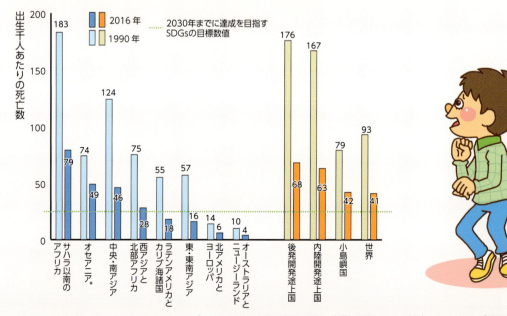

＊オセアニアは、オーストラリアとニュージーランド以外の太平洋諸国を指す。　出典：日本ユニセフ協会Webサイト「保健」

5 栄養不良で命の危険に【南スーダン】

　アフリカ大陸の東にある南スーダン共和国は、2011年にスーダン共和国から独立した、世界でいちばん新しい国。2013年に内戦がおこりました。

　いまでは100万人以上の子どもたちが栄養不良です。そのうち27万6,000人が重い急性栄養不良で命の危険にさらされています。

　小さな子どもたちの命をつなぐのは、特別に開発された栄養治療食「プランピーナッツ」。

　ピーナツバターのような味がして、1パック500キロカロリーという豊富な栄養素があります。袋をあけてそのまま食べられるので衛生的でもあり、家庭でもあたえることができます。

　アフリカのエチオピアでは、「プランピーナッツ」の工場が作られました。

ジンバブエの看護師が手にするプランピーナッツ

ユニセフが支援するニジェールの保健センターで、娘にプランピーナッツを与える母親

6 母乳はあかちゃんのワクチン

人の一生でもっとも弱い立場にあるのが、0歳から5歳までの子どもたちです。

世界母乳育児週間（8月1～7日）を知っていますか。

あかちゃんをお母さんのお乳で育てることの大切さを、世界が考える1週間です。

生まれて6か月までのあかちゃんにとっては、下痢や肺炎を予防するための大きな助けになるのが母乳です。さまざまな感染症に対する抵抗力を高め、知能と身体の発達に必要な栄養になります。

それはお母さんにとってもおなじです。お乳をあたえることで女性のおもな死亡原因である卵巣がんや乳がんになる危険性を、少なくする効果があるのです。

それなのに、生後6か月までの完全母乳率は、世界全体でたったの38パーセント。60パーセント以上の国は23か国だけです。だから、母乳育児週間を決めて取り組まなければならないのが現実です。

東南アジアのミャンマーという国では、8月を栄養強化月間と定め、各地でキャンペーンをくりひろげています。このような取り組みが世界中で実施されれば、乳幼児の死亡率をさげることができます。

命の格差

	新生児の死亡する割合が最も高い国々		新生児の死亡する割合が最も低い国々
1	パキスタン（22人に1人）	1	日本（1,111人に1人）
2	中央アフリカ共和国（24人に1人）	2	アイスランド（1,000人に1人）
3	アフガニスタン（25人に1人）	3	シンガポール（909人に1人）
4	ソマリア（26人に1人）	4	フィンランド（833人に1人）
5	レソト（26人に1人）	5	エストニア（769人に1人）
6	ギニアビサウ（26人に1人）	5	スロベニア（769人に1人）
7	南スーダン（26人に1人）	7	キプロス（714人に1人）
8	コートジボワール（27人に1人）	8	ベラルーシ（667人に1人）
9	マリ（28人に1人）	8	ルクセンブルク（667人に1人）
10	チャド（28人に1人）	8	ノルウェー（667人に1人）
		8	韓国（667人に1人）

出典：報告書『Every Child ALIVE』（ユニセフ）

5歳未満の死亡率

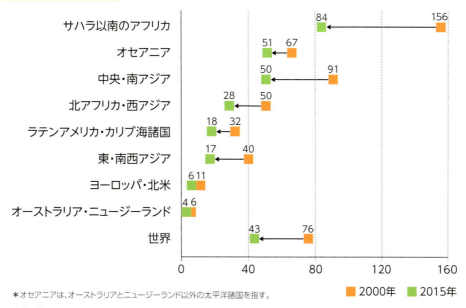

＊オセアニアは、オーストラリアとニュージーランド以外の太平洋諸国を指す。
出典：「The Sustainable Development Goals Report 2017」(United Nations)

ユニセフが支援するベトナム南部の保健センターで、医師の指導で母乳育児を実践する母親

7 清潔な環境は平和あってこそ【イエメン】

　アラビア半島にあるイエメンは日本の1.5倍ほどの国で、およそ2,700万人が住んでいます。

　昔から東と西の文化がまじわる交通の要衝でしたが、中東地域でもっとも貧しいといわれる国です。

　2015年3月、政府軍と反政府武装勢力との紛争がはげしくなり、戦闘状態に。子どもたちまで兵士にされて戦闘にまきこまれました。空爆によって多くの学校が被害をうけ、また避難所にもなったため、子どもたちは学校に行けなくなってしまいました。

　くらしに欠かせない道路や鉄道、水道などのインフラ施設も被害をうけました。汚水処理施設に電力が送れないため運転停止になり、処理されない汚水が首都のサヌアにあふれたのです。街は異臭にあふれ、おびただしい数のハエや虫が発生しました。

　150万人がくらしているサヌアにある汚水処理施設は、たったの一か所。施設の運転が可能になったのは、その年の8月でした。

　7月には国の南部でデング熱が流行し、8,000人以上が感染、2016年10月にはコレラが発生しました。

　長くつづいている紛争は、子どもたちの命をおびやかします。200万人以上の子どもが下痢などの病気にかかり、そのうち40万人近くが重い急性栄養不良に直面しています。

　2017年コレラは最悪の大流行になりました。感染の疑いのある人は40万人を超え、2000人近くが死んでいます。

　それはイエメンだけではありません。

　シリアやイラク、アフガニスタンなど紛争がつづいている国に生まれ、育っている子どもたちは、平和がどんなものかを知りません。爆弾が頭の上をとびかうのが、あたりまえのくらしをしているのです。

デング熱

熱帯や亜熱帯地域に生息する、デングウイルスをもったネッタイシマカやヒトスジシマカにさされておこる感染症。世界でおよそ1億人がかかっているとされる。日本でも2014年の夏に、東京を中心に100人以上の感染者がでて、大きな問題になった。

がれきの町の中でも、カメラを向けるとほほ笑む子ども
© UNICEF/UN018347/Saleh

かつての教室で。今はユニセフのテントで授業を受けている
© UNICEF/UN073959/Clarke for UNOCHA

8 「世界トイレの日」

　家や学校はもちろん、駅やコンビニにも、トイレがあるのはあたりまえ。
　そんな生活をしているわたしたちには想像もできませんが、世界では23億人もの人が、衛生的なトイレをつかうことができません。
　バケツやビニール袋にうんちをしたり、道ばたや草むらで用を足すしかないのです。
　うんちには、病気をひきおこす細菌がいます。人の手やハエなどの虫、川や地面をとおして口に入り、下痢や風邪などの病気になったりします。
　用を足している姿は、だれにもみられたくありません。とくに女の子にとっては切実なことです。学校にトイレがないため学校を休んでしまったり、やめてしまう女の子がいます。
　11月19日は、2013年に国連が定めた「世界トイレの日」。
　生きるためにトイレは欠かせないものであると、あらためて考える日。何億人もの人びとが、トイレのないくらしをしていることに思いをよせる日です。

衛生的なトイレが使用できる割合

出典:「PROGRESS ON SANITATION AND DRINKING-WATER 2015 UPDATE」(ユニセフ)

9 「世界手洗いの日」

　国際衛生年の2008年につくられた「世界手洗いの日」は、10月15日。
　食事のまえやトイレにいったあと、わたしたちは手を洗います。
　目にみえないバイキンをふせぐための、お金がかからず効き目のある方法だからです。水とせっけん、手をふくタオルだけで実行できます。
　でも、子どもの死亡率が高いアフリカのサハラ以南の国々では、手洗いの習慣がある国でも50パーセントくらい。病院などの施設でさえも、手洗い場がないことが多いのが現実です。
　10月15日は、下痢のように命をうばってしまう病気の予防法として、手洗いの重要性を考える日。たくさんの国々で取り組みが行われています。

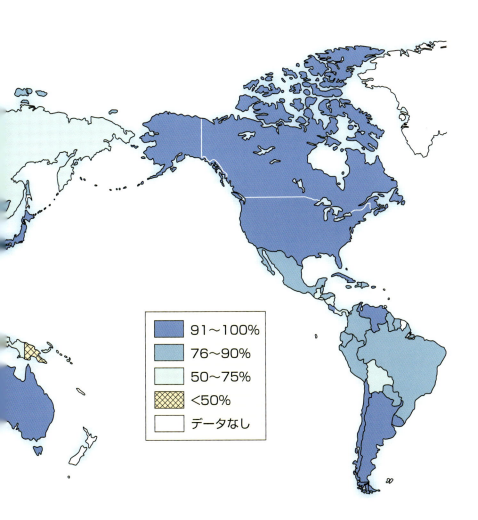

10 世界にひろがる感染症Ⅰ（三大感染症）

　世界中でおきている主な感染症はHIV／エイズ、結核、マラリアで、三大感染症といわれています。

● HIV/エイズ

　HIVは「ヒト免疫不全ウイルス」の略。感染すると数年から10数年のあいだに、病気と戦う抵抗力がさがってしまいます。

　HIVに感染したせいで免疫力がおち、さまざまな病気にかかってしまうのが、エイズです。かつては死の病気でしたが、HIV/エイズの対策はかなり進みました。

　2001年末では感染者の数は3400万人いましたが、いまは20パーセント減っています。抗レトロウイルス療法をうけられる人が増えたからです。それでもまだ700万人は治療をうけられず、170万人がエイズにかかわる病気が原因で亡くなっています。

　1988年 WHO（世界保健機関）は、12月1日を「世界エイズデー」と定めました。

HIVと共に生きている人びとの2011年末時点での世界的分布状況

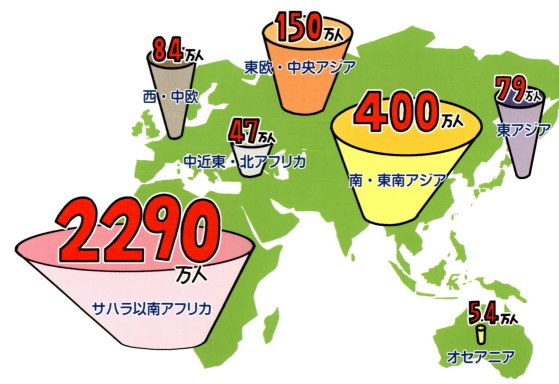

●結核

　結核はいまも世界で猛威をふるい、2015年の死者はおよそ180万人。前年より30万人以上も増えています。新たな患者はおよそ1040万人でした。

　結核は「結核菌」という細菌が原因でおこる病気。せきやくしゃみで空気中に飛びちってうつります。患者数が多いのはインド、中国、インドネシアなど東南アジア。南アフリカ共和国やナイジェリア共和国などで、HIVとの合併が多くみられます。

　世界の新たな患者のおよそ4割が治療を受けられていません。

　結核は過去の病気とされがちですが、WHOは、「各国政府は19世紀の病気ではないと自覚する必要がある」と警告を発しています。

参考資料：「HIV感染の現状」（UNAIDS）

世界にひろがる感染症 Ⅰ（三大感染症）

●マラリア

　熱帯地域にはびこる病気に、マラリア原虫（ハマダラカ）にさされてかかるマラリアがあります。マラリアの危険にさらされているおよそ90パーセントが、アフリカのサハラ以南に住む人びとです。

　世界的には2010年から2015年にかけて、あたらしい患者の発生率は21パーセント、死亡率は31パーセント減りました。それでも2015年には、世界全体でおよそ43万人が亡くなり、2億人以上の人がマラリアにかかっています。

　2015年5月のWHOの世界保健総会は、2030年までにマラリアの発生率や死亡率を90パーセント削減し、あらたに35か国でマラリアの流行をなくすということをかかげました。

　マラリアにはワクチンがなく、さされないような予防をするしかありません。ハマダラカは夜に活動しますから、日が暮れたら外にでないことが予防のひとつになります。虫除けスプレーや蚊取り線香、蚊帳も効果があります。ミントなど天然のハーブからできた虫除けスプレーは、体にも安全です。

　また、アフリカやアジアの流行国に蚊帳を送るという支援活動もおこなわれています。

11 世界にひろがる感染症 Ⅱ（エボラ出血熱）

　1976年に、スーダンとコンゴ民主共和国で、初めて患者が発生しました。コンゴ民主共和国のエボラ川近くの村であったため、病名は川の名前にちなんで名づけられました。

　主にアフリカ中央部で発生していましたが、2013年12月から西アフリカのギニア、リベリア、シオラレオネを中心にまたたくまに被害がひろがってしまいました。

　子どもの感染者だけでもおよそ5,000人、死んだ子どもは3,500人にもなりました。

　両親などの保護者を亡くした子どもの数は、3か国でおよそ23,000人といわれています。

　また、これらの国での医療にたずさわっていた、先進国の医師や看護師も感染してしまいました。

　2015年の11月から12月にかけて、ようやく流行の終息宣言が発表されました。

地域を回りエボラについての知識を広める「国境なき医師団」教育スタッフ（2014年12月リベリア・グランドバッサ郡）
ⓒ Peter Casaer/MSF

12 がんばるお医者さんたち──国境なき医師団

　国際医療支援団体である国境なき医師団は、1971年にフランスのお医者さんとジャーナリストが集まってつくられた団体。

　主な活動地はアフリカやアジア、南米などの開発途上国で、現在では世界70以上の国と地域で活動しています。

　日本事務局ができたのは1992年のことでした。

　戦争や紛争、地震や洪水などの天災がおこった国や地域にかけつけて、病気や怪我人の治療にあたる世界最大規模の緊急医療団体です。

　1999年にはノーベル平和賞を受賞しました。

　2015年10月にはアフガニスタン北部クンドゥズで、運営する病院が米軍の空爆を受け、病院のスタッフや患者さん42人が命を落としてしまいました。

　その後も中央アフリカ共和国や南スーダン、スーダン、シリア、ウクライナ、イエメンなどで、病院が爆撃される事態が生じました。このときに実施した「病院を撃つな!」のキャンペーンには、署名が日本だけでも95,821筆も集まり、日本政府に提出されました。

　どのような権力にもふりまわされずに、自分たちが決めた、助けを求めている国や地域におもむく国境なき医師団は、民間の支援で運営されています。

命のうでわ：子どもの栄養状態を見分ける

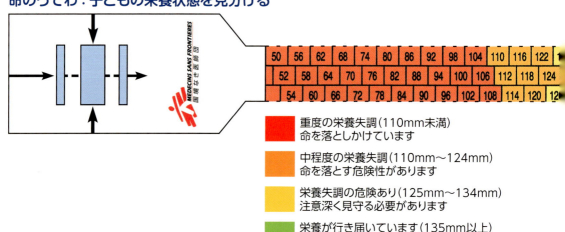

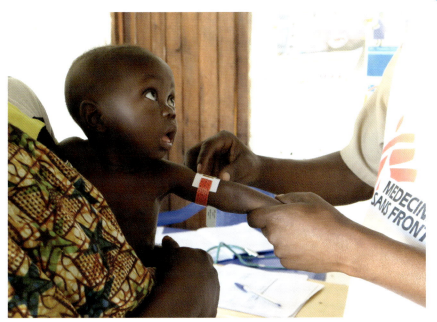

「命のうでわ」で栄養状態を確認しているところ。(コンゴ民主共和国)
© Jean-Piere Amigo/MSF

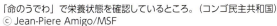

このうでわは、国境なき医師団(MSF)が活動地で子どもの栄養状態をすばやく見分けるために用いているものです。生後6ヵ月から5才までの子どもの上腕部(肩とひじの間)に巻き付けて、色で子どもの栄養状態を判別します。

飢餓や食糧危機のときにもっとも影響を受けやすいのは、育ちざかりで、大人に比べて体の弱い子どもたちです。このうでわで大勢の子どもの栄養状態を効率よく見きわめ、症状に応じた治療をおこなうことで、より多くの子どもの命を救うことができます。

※このうでわは実際に使われているものの実物大コピーです。
　医療用の目的に使用することはできません。

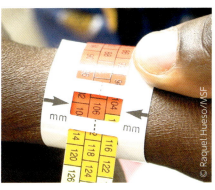

13 命のパスポートは母子手帳

　母子手帳は正式には「母子健康手帳」といって、1948年に世界で初めて日本が制度をつくりました。

　あかちゃんが、おかあさんのおなかにいるときから、小学校入学までの成長と健康の記録です。生まれたときの体重や身長、予防接種、保健指導などの記録が書きこまれます。

　とくにおかあさんのおなかにいるときから2歳まで、この1000日に十分な栄養がとれるかどうかが、健康に育つためにいちばん大切なのです。母子手帳には「妊娠中や授乳期の母親の食事」や「母乳や離乳食のすすめ」なども掲載されています。

　アフリカのガーナでは、おかあさんと子どもの栄養不良が大きな問題になっています。2018年にはガーナ全国に母子手帳が配られるとのことです。

　日本がはじめて母子手帳の支援開発をしたのはインドネシアでした。

　1992年日本に研修に来たインドネシア人医師が、母子手帳を知ったのがきっかけです。1997年にはインドネシア政府が国家プログラムとして導入。2006年にはすべての州で実現しています。

世界に広がる母子手帳

1998年、初めて母子手帳国際シンポジウム（後に母子手帳国際会議）が開催され、2016年で10回になりました。

　この母子手帳も、世界でおよそ40の国に広がっています。

写真提供：JICA

😊 米国（ユタ州、マサチューセッツ州等）

😊 メキシコ

😊 ドミニカ

😊 ブラジル

資料：国際協力機構（JICA）Webサイトより

14　2030年のあなたへ──社会からおきざりにしないで

　子どもが誕生するとすぐに出生登録をします。出生登録は「すべての子どもが生まれながらに持つ権利」なのです。

　日本などの先進国ではあたりまえの制度ですが、世界では5歳未満児の子どもはおよそ21パーセントが登録されていません。社会には存在しない子どもになってしまっています。

　出生登録をしていないと、身分を証明することもできません。年齢を証明することもできません。自分がどこの国の人間か、国籍を証明することもできません。

　教育や社会保障も受けられないということです。

　このような子どもたちは、児童労働をさせられたり、武装勢力によって少年兵にかり出されたりして、人間らしく生きる権利をうばわれてしまう可能性が高くなります。

　出生登録がすすまないのは、登録費用が高い、登録受付場所がある町まで遠すぎるなどが理由です。

　登録しなければならないことを知らない、どこで登録できるのかも知らない、という制度そのものが知らされていない社会の問題もあります。

　サハラ以南のアフリカでは、9,500万人の子どもが未登録です。このままの状態では、2030年には1億人以上が未登録になってしまうといわれています。

　2012年、誕生してすぐに出生登録されたあかちゃんは、世界全体で60パーセントでした。

　また登録をしても出生証明書がなければ登録したことにはなりません。世界では登録した子どもの7人に1人が出生証明書をもっていないといわれ、証明書がない主な原因は、高額な手数料です。

SDGsの目標のひとつは、すべての人びとに出生登録などの法的な身分証明を保証することですが、その達成もむずかしいのです。

命と人としての権利を守ることにつながる出生登録。

そのためには費用を無料にしたり、特に母親に登録の意味を理解してもらう教育で、登録率の普及と改善ができます。

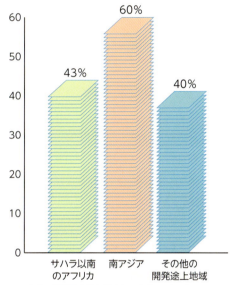

出生登録された子どもの地域別割合

- サハラ以南のアフリカ: 43%
- 南アジア: 60%
- その他の開発途上地域: 40%

出典：『世界子供白書2017』（ユニセフ）

© UNICEF/UN016982/Dejongh

教室で出生登録証を掲げる子どもたち

未来ある地球のために

「持続可能な開発目標」＝SDGsは、17の目標と、さらに具体的な169の項目で構成されています。
ここでは、17の目標を紹介します。

目標1	あらゆる場所で、あらゆる形態の貧困に終止符を打つ	
目標2	飢餓に終止符を打ち、食料の安全確保と栄養状態の改善を達成するとともに、持続可能な農業を推進する	
目標3	あらゆる年齢のすべての人々の健康的な生活を確保し、福祉を推進する	
目標4	すべての人々に包摂的かつ公平で質の高い教育を提供し、生涯学習の機会を促進する	
目標5	ジェンダーの平等を達成し、すべての女性と女児のエンパワーメントを図る	
目標6	すべての人々に水と衛生へのアクセスと持続可能な管理を確保する	
目標7	すべての人々に手ごろで信頼でき、持続可能かつ近代的なエネルギーへのアクセスを確保する	
目標8	すべての人々のための持続的、包摂的かつ持続可能な経済成長、生産的な完全雇用およびディーセント・ワークを推進する	
目標9	レジリエントなインフラを整備し、包摂的で持続可能な産業化を推進するとともに、イノベーションの拡大を図る	

目標10	国内および国家間の不平等を是正する	
目標11	都市と人間の居住地を包摂的、安全、レジリエントかつ持続可能にする	
目標12	持続可能な消費と生産のパターンを確保する	
目標13	気候変動とその影響に立ち向かうため、緊急対策を取る	
目標14	海洋と海洋資源を持続可能な開発に向けて保全し、持続可能な形で利用する	
目標15	陸上生態系の保護、回復および持続可能な利用の推進、森林の持続可能な管理、砂漠化への対処、土地劣化の阻止および逆転、ならびに生物多様性損失の阻止を図る	
目標16	持続可能な開発に向けて平和で包摂的な社会を推進し、すべての人々に司法へのアクセスを提供するとともに、あらゆるレベルにおいて効果的で責任ある包摂的な制度を構築する	
目標17	持続可能な開発に向けて実施手段を強化し、グローバル・パートナーシップを活性化する	

＊訳文およびロゴマークは 国際連合広報センターによります。

協力
国際協力機構（JICA）
国境なき医師団日本
日本ユニセフ協会

本木洋子・著
東京生まれ。著書に『大海原の決闘 クジラ対シャチ』『アンモナイトの夏』『よみがえれ、えりもの森』『おとなはなぜ戦争するのⅡ』（共著）（いずれも新日本出版社）、『日本文化キャラクター図鑑』（玉川大学出版部）などがある。日本児童文学者協会会員。

どいまき・絵
トキワ松学園女子短期大学グラフィックデザイン科卒業。作品に『たんじょうびのぼうけん』（フレーベル館）、『うんちさま』（金の星社）などがある。日本児童出版美術家連盟会員。

表紙写真：三井昌志

デザイン：商業デザインセンター
　　　　　松田珠恵

持続可能な地球のために──いま、世界の子どもたちは 3
健康で生きたい【保健・衛生】
2018年8月30日　初　版

NDC369 31P 27×19cm

著　者	本木洋子	
発　行　者	田所　稔	
発　行　所	株式会社 新日本出版社	
	〒151-0051 東京都渋谷区千駄ヶ谷4-25-6	
電　話	営業 03(3423)8402　編集 03(3423)9323	
振　替	00130-0-13681	
印　刷	光陽メディア	
製　本	小高製本	

落丁・乱丁がありましたらおとりかえいたします。

© Yoko Motoki
ISBN978-4-406-06263-3　C8337 Printed in Japan

本書の内容の一部または全体を無断で複写複製（コピー）して配布することは、法律で認められた場合を除き、著作者および出版社の権利の侵害になります。小社あて事前に承諾をお求めください。

info@shinnihon-net.co.jp／www.shinnihon-net.co.jp